Seine Heiligkeit
der XIV. Dalai Lama

# GOLDENE WORTE DES GLÜCKS

Aus dem Englischen
von Antoinette Gittinger

Gustav Lübbe Verlag

Gustav Lübbe Verlag
ist ein Imprint der Verlagsgruppe Lübbe

Übersetzung aus dem Englischen
von Antoinette Gittinger
Titel der Originalausgabe: *The Essence of Wisdom*

Published by arrangement with Abacus, an imprint of
Time Warner Books UK, Brettenham House,
Lancaster Place, London WC2E 7EN, United Kingdom

Textredaktion: Werner Wahls, Köln

Umschlaggestaltung: Reinhard Borner, Hückeswagen
Satz: Kremerdruck GmbH, Lindlar-Hartegasse
Gesetzt aus der 11 Punkt Adobe Caslon Pro
Druck und Einband: GGP Media GmbH, Pößneck



Printed in Germany
ISBN 3-7857-2143-9

5 4 3 2

Sie finden die Verlagsgruppe Lübbe im Internet unter
www.luebbe.de

Die Achtung, die früher im Allgemeinen der Religion entgegengebracht wurde, bewirkte, dass die Mehrheit der Menschen in der Ausübung ihres jeweiligen Glaubens von ethischen Grundsätzen geleitet wurde. Das ist heute nicht mehr der Fall. Also müssen wir einen anderen Weg finden, ethische Verhaltensnormen zu etablieren.

Anzunehmen, wir könnten lediglich durch Verzicht auf materiellen Fortschritt all unsere Probleme lösen, wäre kurzsichtig, denn damit würden wir deren tiefer liegende Ursachen ignorieren. Im Übrigen bietet die moderne Welt durchaus Anlass, optimistisch zu sein.

Ich bin zu dem Schluss gekommen, dass es keinen großen Unterschied macht, ob jemand gläubig ist oder nicht. Weitaus wichtiger ist es, ein guter Mensch zu sein.

Für mich bleibt der Buddhismus der wertvollste Weg, da er meinem Wesen am ehesten entspricht. Das bedeutet aber nicht, dass er sich für alle gleichermaßen eignet. Genauso wenig wie ich glaube, dass jeder ein gläubiger Mensch sein muss.

Es muss deutlich unterschieden werden zwischen Religion und Spiritualität. Religion hat für mich stark mit dem Glauben an die jeweiligen Heilsbotschaften zu tun, was unter anderem bedeutet, in irgendeiner Form metaphysische oder übernatürliche Realität zu akzeptieren, etwa die Vorstellung vom Himmel oder vom Nirwana.

Bei der Spiritualität geht es um jene Qualitäten menschlicher Gesinnung – wie Liebe und Mitgefühl, Geduld, Toleranz, Vergebung, Zufriedenheit, Verantwortungsgefühl, Harmoniestreben –, die einen selbst und andere glücklich machen. Deswegen sage ich bisweilen, dass wir möglicherweise ohne die Religion auskommen können, aber auf keinen Fall ohne diese grundlegenden spirituellen Eigenschaften.

Wer mitfühlend, liebevoll, geduldig, tolerant, verzeihend und so weiter ist, erkennt in gewissem Maße die möglichen Auswirkungen seines Handelns auf andere und richtet sein Verhalten dementsprechend aus. Somit umfasst spirituelles Handeln einerseits die Sorge um das Wohlergehen anderer, andererseits führt es zu einer Wandlung des eigenen Ichs, damit wir leichter zu einem solchen Verhalten bereit sind. Es ist sinnlos, dem spirituellen Handeln irgendeinen anderen Sinn zuzusprechen.

Worin besteht die Verbindung zwischen Spiritualität und moralischem Handeln? Da Liebe, Mitgefühl und ähnliche Eigenschaften per Definition ein gewisses Maß der Sorge am Wohlergehen anderer voraussetzen, erfordern sie auch ethische Selbstbeschränkung. Wir können nicht liebevoll und mitfühlend sein, ohne zugleich unsere abträglichen Impulse und Wünsche einzuschränken.

Verbindliche ethische Prinzipien aufzustellen ist möglich, wenn wir davon ausgehen, dass wir uns alle nach Glück sehnen und Leid vermeiden wollen. Aber wir vermögen nicht zwischen Richtig und Falsch zu unterscheiden, wenn wir die Gefühle und das Leid anderer ignorieren. Wir verhalten uns also nicht deshalb moralisch, weil wir ein solches Verhalten als grundsätzlich richtig empfinden, sondern weil alle anderen, genau wie wir, danach streben, glücklich zu sein und Leiderfahrungen zu vermeiden.

Ist die treibende Kraft unseres Handelns gesund, wird es aus sich heraus die Tendenz haben, zum Wohlergehen anderer beizutragen, und also ethisch wertvoll sein.

Je besser es uns gelingt, Herz und Verstand durch die Kultivierung spiritueller Eigenschaften weiterzuentwickeln, desto eher werden wir in der Lage sein, mit Unglück fertig zu werden, und desto größer ist die Wahrscheinlichkeit, dass unser Handeln ethisch gesund ist.

Eine spirituelle Revolution
zieht eine ethische nach sich.

Wenn wir die Wirklichkeit betrachten, werden wir uns schnell ihrer unendlichen Vielschichtigkeit bewusst und stellen fest, dass wir sie mit unserer gewohnheitsmäßigen Wahrnehmung nicht angemessen erfassen. Wäre das nicht der Fall, ergäbe der Begriff Selbsttäuschung keinen Sinn. Stellten sich die Dinge und Ereignisse immer so dar, wie wir es erwarten, wüssten wir nicht, was wir unter Illusion oder Missverständnis verstehen sollten.

Wenn es stimmt, dass kein Gegenstand oder Phänomen, nicht einmal das Selbst, aus sich heraus existiert, sollten wir dann daraus schließen, dass letztlich überhaupt nichts existiert? Oder ist die Wirklichkeit, die wir wahrnehmen, einfach eine Projektion unseres Verstandes, außerhalb dessen nichts existiert? Nein. Wenn wir sagen, dass Dinge und Ereignisse keine immanente Realität haben, dann leugnen wir damit nicht die Existenz von Phänomenen überhaupt. Die »Identitätslosigkeit« von Phänomenen verweist vielmehr auf die Art und Weise, in der Dinge existieren: nicht unabhängig voneinander, sondern in wechselseitiger Abhängigkeit.

Auch wenn wir anerkennen, dass es häufig eine Diskrepanz zwischen Wahrnehmung und Wirklichkeit gibt, sollten wir nicht so weit gehen anzunehmen, dass hinter den Phänomenen ein Reich existiere, das irgendwie »realer« sei. Das wäre insofern problematisch, als wir dann unsere Alltagserfahrungen einfach als Illusion abtun könnten. Das aber wäre völlig abwegig.

Es gibt keinen von den Interessen anderer völlig unabhängigen Eigennutz.

Da unsere Interessen untrennbar miteinander verbunden sind, sind wir genötigt, die Moral als unentbehrliches Bindeglied zwischen unser aller Streben nach Glück zu akzeptieren.

Moralisches Handeln bedeutet, das Glücksstreben oder die Glückserwartung anderer nicht zu beeinträchtigen.

Was unsere realen Besitztümer angeht, so müssen wir eingestehen, dass sie uns oft mehr Probleme bereiten anstatt weniger. Das Auto streikt, wir verlieren Geld, etwas Kostbares wird uns gestohlen, in unserem Haus bricht ein Feuer aus – und geschieht dies nicht, dann fürchten wir, dass es geschehen könnte.

Wenn wir unser Handeln auf die unmittelbare Befriedigung unserer Bedürfnisse ausrichten, ohne die Interessen anderer zu berücksichtigen, berauben wir uns der Möglichkeit, dauerhaftes Glück zu erfahren.

Das Hauptmerkmal wahren Glücks ist Frieden, innerer Frieden. Damit meine ich nicht irgendeine Art von »Abgehobensein«. Auch nicht das Fehlen von Gefühlen. Nein, der Frieden, von dem ich spreche, wurzelt in der Sorge um andere und beinhaltet ein hohes Maß an Sensibilität und Gefühl.

Gelingt es uns, diesen inneren Frieden zu erlangen, dann wird unser grundlegendes Wohlbefinden nicht untergraben, egal welche Schwierigkeiten uns begegnen. Natürlich soll die Bedeutung äußerer Faktoren für einen solchen Frieden nicht geleugnet werden, aber wir irren uns, wenn wir annehmen, diese könnten uns jemals völlig glücklich machen.

Inneren Frieden zu erlangen, von dem dauerhaftes und somit erfüllendes Glück abhängt, unterscheidet sich in nichts von irgendeiner anderen Aufgabe im Leben. Wir müssen seine Ursachen und Bedingungen erkunden und sie dann sorgfältig pflegen.

Es muss klar unterschieden werden zwischen moralischem und spirituellem Handeln. Moralisch handeln wir dann, wenn wir andere in ihrem Glückserleben oder ihrer Glückserwartung nicht beeinträchtigen. Spirituelles Handeln können wir anhand jener schon früher aufgeführten Qualitäten wie Liebe, Mitgefühl, Geduld, Versöhnlichkeit, Bescheidenheit und Toleranz beschreiben, die ein gewisses Maß an Sorge um das Wohlergehen anderer voraussetzen.

Wir Menschen sind soziale Wesen. Wir kommen als Ergebnis der Handlungen anderer auf die Welt, und wenn wir überleben wollen, sind wir ebenfalls auf andere angewiesen. Ob es uns gefällt oder nicht, es gibt kaum einen Moment in unserem Leben, in dem wir nicht von den Handlungen anderer profitieren. So verwundert es weder, dass wir Glück vor allem im Zusammenhang mit unseren Beziehungen zu anderen erfahren, noch erstaunt es uns, dass wir dann am meisten Freude empfinden, wenn unser Handeln von der Sorge um andere geprägt ist. Aber das ist noch nicht alles. Wir stellen fest, dass altruistisches Handeln nicht nur glücklich macht, sondern auch unser Leid verringert.

Da jede unserer Handlungen eine universelle Dimension hat und damit potenziell auf das Glück anderer einwirkt, ist die Moral ein notwendiges Mittel, um sicherzustellen, dass wir anderen nicht schaden.

Echtes Glück erwächst aus spirituellen Eigenschaften wie Liebe und Mitgefühl, Geduld, Toleranz, Versöhnlichkeit, Demut und ähnlichen. Diese bewirken, dass wir und andere glücklich werden.

Unser Bedürfnis nach der Freundlichkeit zieht sich wie ein roter Faden durch unser ganzes Leben. Am deutlichsten zeigt sich dies, wenn wir jung und wenn wir alt sind. Aber auch in unseren besten Jahren brauchen wir nur einmal krank zu werden, um uns daran zu erinnern, wie wichtig es ist, geliebt und umsorgt zu werden. Mag es auch manchmal als Tugend erscheinen, ohne Zuneigung zurechtzukommen, so muss ein Leben, dem dieses wertvolle Element fehlt, in Wirklichkeit ein elendes sein.

Für mich ist die Fähigkeit zu lächeln eine unserer wunderbarsten Eigenschaften. Wenn ich jemanden anlächle und derjenige ernst bleibt und nicht reagiert, bin ich immer ein wenig befremdet. Wird hingegen mein Lächeln erwidert, erfreut dies mein Herz. Selbst wenn mich jemand anlächelt, mit dem ich nichts zu tun habe, fühle ich mich berührt. Woran liegt das? Sicher daran, dass ein echtes Lächeln etwas Grundlegendes in uns berührt: unsere natürliche Wertschätzung von Freundlichkeit.

Einer der Gründe für den verbreiteten Glauben, der Mensch sei von Natur aus aggressiv, liegt wohl darin, dass die Medien uns ständig mit schlechten Meldungen überhäufen. Doch gute Nachrichten sind eben keine Nachrichten.

Das uns angeborene Einfühlungsvermögen ist die Quelle jener kostbarsten aller Eigenschaften, die wir im Tibetischen *nying je* oder Mitgefühl nennen.

Wenn wir aus Sorge um andere handeln, ist unser Verhalten ihnen gegenüber zwangsläufig positiv, denn es ist kein Raum für Misstrauen in unserem Herzen, wenn es von Liebe erfüllt ist. Als würde sich eine Tür in unserem Innern öffnen, die es uns ermöglicht, eine Hand hinauszustrecken.

Bei allen großen religiösen Traditionen spielt die Entwicklung von Liebe und Mitgefühl eine Schlüsselrolle. Als Quelle wie auch Folge von Geduld, Toleranz, Versöhnlichkeit und allen anderen guten Eigenschaften verlieren sie vom Anfang bis zum Ende des spirituellen Handelns nicht an Bedeutung. Doch auch ohne einen religiösen Aspekt sind Liebe und Mitgefühl für uns alle von großer Wichtigkeit.

Um jenes Mitgefühl zu entwickeln, auf dem das Glück basiert, müssen wir alle Faktoren in die Schranken weisen, die dem Mitgefühl abträglich, und jene Eigenschaften kultivieren, die ihm förderlich sind. Wenn wir unsere Gewohnheiten und unsere Neigungen ändern, können wir den »Gesamtzustand von Herz und Geist« vervollkommnen – die Grundlage, aus der jede unserer Handlungen erwächst. Da die spirituellen Eigenschaften, die dem Mitgefühl förderlich sind, ein positives ethisches Verhalten mit sich bringen, gilt es als Erstes, innere Selbstbeschränkung zu üben.

Die wahre innere oder spirituelle Selbstbeschränkung kann nicht wie die körperliche erzwungen werden, sondern nur das Ergebnis einer auf Verständnis basierenden freiwilligen und bewussten Anstrengung sein. Ethisches Verhalten beinhaltet mehr als das einfache Befolgen von Gesetzen und Vorschriften.

Wäre Gehässigkeit eine unveränderliche Eigenschaft des Bewusstseins, dann müsste das Bewusstsein stets hassenswert sein. Das ist eindeutig nicht der Fall. Wir müssen eine wichtige Unterscheidung treffen zwischen dem Bewusstsein als solchem und den Gedanken und Gefühlen, die es aufnimmt.

Die Natur des Geistes ist wie das Wasser eines Sees. Bei einem Sturm wird es durch den Schlamm vom Grund des Sees getrübt, sodass es undurchsichtig erscheint. Doch in Wirklichkeit ist das Wasser ja nicht trübe. Hat sich der Sturm gelegt, setzt sich der Schlamm wieder, und das Wasser ist klar wie zuvor. Obwohl wir den Geist (oder das Bewusstsein) meist als eine unveränderliche Einheit ansehen, erkennen wir bei näherem Betrachten, dass er aus einem ganzen Spektrum von Eindrücken und Erfahrungen besteht.

Da wir beobachtet haben, dass Gefühl
und Bewusstsein nicht dasselbe sind, gilt,
dass wir uns nicht von unseren Gedanken
und Gefühlen steuern lassen müssen.

Wir können uns den Geist oder das Bewusstsein als einen Präsidenten oder Monarchen vorstellen, der sehr aufrichtig und reinen Herzens ist. Unsere Gedanken und Gefühle entsprechen den Kabinettsmitgliedern. Einige von ihnen erteilen gute Ratschläge, andere schlechte. Manchen geht es in erster Linie um das Wohlergehen anderer, einigen nur um ihre eigenen, selbstsüchtigen Interessen.

Negative Gedanken und Gefühle blockieren unser elementarstes Streben, nämlich Glück zu erlangen und Leid zu vermeiden. Steht unser Handeln unter ihrem Einfluss, ignorieren wir die Auswirkungen unserer Handlungen auf andere. Folglich sind solche Gedanken und Gefühle die Ursache unseres destruktiven Verhaltens sowohl uns selbst als auch anderen gegenüber und die eigentliche Quelle unmoralischen Verhaltens.

Es mag Ausnahmen geben, doch gewöhnlich werden Menschen, die sehr selbstsüchtig leben und die das Wohlergehen anderer nicht kümmert, auf Dauer sehr einsam und unglücklich. Dabei können sie durchaus von vielen Menschen umgeben sein, doch diese lieben wohl mehr ihren Reichtum oder ihre gesellschaftliche Stellung. Denn wenn dem selbstsüchtigen oder aggressiven Individuum ein Schicksalsschlag widerfährt, verschwinden diese so genannten Freunde ganz schnell, und manch einer wird sogar insgeheim Schadenfreude empfinden.

Wir müssen unserem Körper und seinen Handlungen, unserer Wortwahl und unseren Aussagen, unserem Herzen und unserem Verstand sowie unseren Gedanken und Gefühlen große Aufmerksamkeit schenken und uns ihrer bewusst sein. Wir müssen auf die geringste negative Einstellung horchen und uns immer wieder Fragen stellen wie: »Bin ich glücklicher, wenn meine Gedanken und Gefühle negativ und destruktiv sind oder wenn sie gesund sind?« »Was ist das Wesen des Bewusstseins? Existiert es in und aus sich selbst heraus, oder existiert es in Abhängigkeit von anderen Faktoren?« Wir müssen denken, denken, denken. Wir sollten uns wie die Wissenschaftler verhalten und Daten sammeln, sie analysieren und die entsprechenden Schlussfolgerungen aus ihnen ziehen.

Einblick in unser eigenes negatives Potenzial zu gewinnen ist eine lebenslange Aufgabe, und sie bedarf einer fast unbegrenzten Verfeinerung. Leisten wir dies nicht, werden wir die für unser Leben notwendigen Veränderungen niemals erkennen.

Die blockierten Gefühle haben auch eine irrationale Dimension. Sie bestärken uns nämlich in der Annahme, der Schein entspreche der Wirklichkeit. Wenn wir wütend oder hasserfüllt sind, neigen wir dazu, uns anderen gegenüber so zu verhalten, als seien ihre Eigenschaften unveränderlich. Ein Mensch mag uns dann von Kopf bis Fuß unangenehm erscheinen, denn in solchen Momenten vergessen wir, dass er, genau wie wir selbst, nur ein dem Leid unterworfenes menschliches Wesen ist und auch nur danach strebt, glücklich zu sein und das Leid zu vermeiden.

Nirgendwo wird die Nutzlosigkeit blockierter Gefühle deutlicher als im Fall des Sich-Ärgerns: Dann nämlich ist es mit unserem Mitgefühl, unserer Liebe, unserer Großzügigkeit und Versöhnlichkeit, unserer Toleranz und Geduld vorbei. Damit berauben wir uns selbst genau jener Dinge, die das Glück ausmachen.

Negative Gedanken und Gefühle bringen uns dazu, unethisch zu handeln.

Zwischen Verleugnung und Einschränkung gibt es einen grundlegenden Unterschied. Sich einzuschränken bedeutet eine bewusste und freiwillige Selbstdisziplin, die auf der Einsicht beruht, dass sie von Vorteil ist.

Es ist entschieden besser, sich einer Person oder Situation zu stellen, als Ärger hinunterzuschlucken, darüber nachzugrübeln und im Herzen Unmut zu nähren. Wenn wir jedoch wahllos nur deshalb negative Gedanken und Gefühle äußern, weil wir meinen, sie artikulieren zu müssen, laufen wir Gefahr, die Beherrschung zu verlieren und in Wut zu geraten. Deswegen ist es so wichtig zu differenzieren, sowohl bezüglich der Gefühle, die wir äußern, als auch im Hinblick darauf, wie wir sie äußern.

Wahres Glück zeichnet sich durch inneren Frieden aus und entsteht im Zusammenhang mit unseren Beziehungen zu anderen. Es ist folglich von moralischem Verhalten abhängig. Dieses wiederum besteht aus Handlungen, die das Wohlergehen anderer berücksichtigen. Wenn wir also glücklich werden wollen, müssen wir unsere Reaktion auf negative Gedanken und Gefühle zügeln. Wir sprechen hier nicht von der Erlangung der Buddhaschaft oder von der Vereinigung mit Gott. Wir erinnern uns nur daran, dass unsere Interessen und unser zukünftiges Glück eng mit denjenigen der anderen verbunden sind, und lernen so, uns entsprechend zu verhalten.

Wenn wir wirklich glücklich sein wollen, ist innere Beschränkung unabdingbar. Aber wir müssen uns nicht nur negativer Gedanken und Gefühle enthalten, sondern zugleich unsere positiven Eigenschaften pflegen und verstärken. Welches sind diese positiven Eigenschaften? Es sind die grundlegenden menschlichen oder geistigen Qualitäten, das heißt Liebe und Mitgefühl, Geduld, Toleranz, Bescheidenheit, Versöhnlichkeit und ähnliche.

Geduldige Nachsicht ist also die Eigenschaft, die uns hilft, nicht von negativen Gedanken und Gefühlen beherrscht zu werden. Sie sorgt dafür, dass wir in Notzeiten unseren Seelenfrieden bewahren. Indem wir uns auf diese Weise in Geduld üben, wird unser Verhalten – ethisch gesehen – gesund. Der erste Schritt der ethischen Praxis besteht darin, unsere Reaktionen auf negative Gedanken und Gefühle zu überprüfen. Der nächste Schritt – nachdem wir die Bremse gezogen haben – besteht darin, auf diese Herausforderung mit Geduld zu reagieren.

Tatsächlich existiert zu jedem negativen Zustand ein positives Gegenstück. Dem Stolz steht beispielsweise die Demut gegenüber, der Gier die Zufriedenheit, der Gleichgültigkeit die Ausdauer. Wenn wir also die ungesunden Zustände überwinden wollen, die entstehen, wenn negative Gefühle und Gedanken sich frei entfalten können, sollten wir die Entwicklung von Tugenden nicht losgelöst von der Einschränkung unserer Reaktion auf die blockierenden Gefühle sehen. Beides geht Hand in Hand.

Der erste Schritt zur Überwindung der Angst besteht darin, unsere Situation richtig einzuschätzen. Hier bieten sich unterschiedliche Möglichkeiten an. Eine der wirkungsvollsten ist, unsere Aufmerksamkeit von uns weg auf andere zu lenken. Gelingt uns das, werden wir feststellen, dass unsere Probleme an Bedeutung verlieren. Das heißt nicht, dass wir sie ignorieren sollen. Wir sollten nur versuchen, neben unseren eigenen Anliegen, wie dringend sie auch sein mögen, auch die der anderen zu berücksichtigen. Wenn wir unsere Anteilnahme in Bezug auf andere in die Tat umsetzen, entsteht Vertrauen wie von selbst, und Sorgen und Kummer schwinden.

Die meisten psychischen und emotionalen Leiden, die unsere moderne Welt so stark prägen – einschließlich des Gefühls von Hoffnungslosigkeit, Einsamkeit und so weiter –, lassen nach, sobald wir aus einem Gefühl der Anteilnahme an anderen heraus zu handeln beginnen.

Extreme sollte man generell vermeiden. So wie Überernährung genauso gefährlich ist wie Unterernährung, verhält es sich mit dem Streben nach Tugend und ihrer Ausübung. Selbst edle Anliegen können, ins Extrem getrieben, zu einer Quelle des Unglücks werden.

Das Bemühen um Großzügigkeit ist wichtig, um unserer Neigung entgegenzuwirken, uns zu sehr an unseren Besitz und auch an unsere Energie zu klammern. Geben übt darin, den Geiz zu überwinden, den wir gern mit Fragen rechtfertigen wie: »Wenn ich anfange, Sachen zu verschenken, was bringt mir das ein?«

So wie wir eindeutig unterscheiden müssen zwischen berechtigtem Selbstwertgefühl im Sinne von Selbstachtung einerseits und Selbstgefälligkeit andererseits (wenn sich jemand aufgrund falscher Selbsteinschätzung für zu wichtig nimmt), so müssen wir auch zwischen echter Demut oder Bescheidenheit und mangelndem Selbstvertrauen unterscheiden. Wenn sie auch immer wieder verwechselt werden, so sind sie doch keinesfalls identisch.

Religiöse Menschen sollten wissen, dass weder Segnung noch Weihe – wenn wir denn Zugang dazu hätten – es vermöchten, unseren Wandel sofort herbeizuführen. Ebenso wenig sollte man auf eine geheimnisvolle oder magische Formel hoffen oder ein Mantra oder ein Ritual. Der Wandel vollzieht sich Schritt für Schritt, so wie bei einem Gebäude ein Ziegel auf den anderen gesetzt werden muss. Es gibt keine Abkürzungen.

Es ist zwar erstrebenswert, dass wir auf unserem Lebensweg unsere Ansprüche hoch schrauben, doch wäre es falsch, sich von Anfang an am Idealzustand zu orientieren. So wie es äußerst töricht wäre, die Leistungen unserer Kinder in der ersten Klasse so zu beurteilen, als wären sie bereits Abiturienten. Statt sich zu kurzen Phasen heroischer Anstrengung aufzuschwingen, denen dann immer wieder Zeiten der Erschöpfung folgen, sollte man konstant wie ein Strom dem Ziel der Umwandlung zustreben.

Und wenn auch die Grundfragen der menschlichen Existenz – Warum sind wir hier? Wohin gehen wir? Hat das Universum einen Anfang? – von jeder philosophischen Tradition anders beantwortet werden, so besteht doch kein Zweifel daran, dass ein großzügiges Herz und gute Taten zu mehr Frieden führen. Und ebenso offensichtlich ist es, dass ihre negativen Gegenstücke entsprechende Folgen zeitigen.

Wenn wir wirklich glücklich sein möchten, gelingt uns dies nur durch Tugendhaftigkeit: Sie ist der einzige Weg zum Glücklichsein. Wir sollten hinzufügen, dass die Grundlage der Tugendhaftigkeit, ihre Voraussetzung, die ethische Disziplin ist.

Es ist nichts Außergewöhnliches, denen, die uns nahe stehen, Mitgefühl zu bezeugen.

Wenn unsere Liebe zu einem Menschen vorrangig auf dessen Anziehungskraft gründet, sei es das Aussehen oder irgendeine andere oberflächliche Eigenschaft, werden unsere Gefühle für diese Person mit der Zeit vergehen. Denn wenn der andere das verliert, was wir attraktiv an ihm fanden, kann sich die Situation völlig ändern, obwohl dieser Mensch ein und dieselbe Person geblieben ist. Deswegen sind enge Beziehungen, die allein auf Anziehungskraft basieren, fast immer zum Scheitern verurteilt.

Wenn uns eine echte Wertschätzung des Mitgefühls gelingt, wird sich unsere Einstellung gegenüber anderen zwangsläufig ändern. Dies allein kann unsere Lebensführung in hohem Maße beeinflussen.

Die meisten Menschen, mich selbst eingeschlossen, müssen darum kämpfen, den Punkt zu erreichen, an dem es leicht wird, die Interessen der Mitmenschen genauso wichtig zu nehmen wie die eigenen. Wir sollten uns jedoch nicht davon entmutigen lassen. Denn stoßen wir bei unserem Bemühen, echte Herzenswärme zu entwickeln, auch auf Hindernisse, so ist es doch ein tiefer Trost zu wissen, dass wir dadurch die Voraussetzungen für unser eigenes Glück schaffen.

Wie können wir glücklich werden? Durch Gewalt und Aggression? Natürlich nicht. Mithilfe von Geld? Vielleicht bis zu einem gewissen Punkt, aber nicht darüber hinaus. Doch wenn wir lieben, am Leid anderer teilhaben, uns selbst in allen anderen wiedererkennen – insbesondere in denen, die benachteiligt sind und deren Rechte nicht respektiert werden – und ihnen helfen, glücklich zu sein, ja, dann können auch wir glücklich werden.

Eine gute Ausbildung zu haben ist nichts Bewundernswertes; reich zu sein ist nichts Bewundernswertes. Diese Attribute zählen allein in Verbindung mit Herzenswärme.

Mitgefühl führt auf natürliche Weise
zu ethisch wertvollem Handeln.

Bis zum Exzess betrieben, ist so ziemlich jeder weltliche Genuss schädlich. Deshalb ist Zufriedenheit die unabdingbare Voraussetzung für wahres Glück.

Die Annahme, Karma sei eine Art unabhängige Energie und bestimme den Verlauf unseres gesamten Lebens, ist schlicht falsch. Denn wer erschafft Karma? Wir selbst. Alles, was wir tun, hat Ursache und Wirkung. Deswegen sollten wir, wenn wir mit unvermeidbarem Leid konfrontiert werden, nicht die Hände über dem Kopf zusammenschlagen. Zu behaupten, jedes Unglück sei einfach das Ergebnis von Karma, würde ja bedeuten, dass wir keinerlei Einfluss auf unser Leben hätten. Wäre es so, dann gäbe es keinerlei Anlass zu Hoffnung, dann könnten wir genauso gut gleich für das Ende der Welt beten.

Es hängt weitgehend von uns ab, in welchem Maß wir durch Leid beeinträchtigt werden. Betrachten wir ein bestimmtes Problem aus der Nähe, scheint es unser gesamtes Blickfeld auszufüllen und wirkt riesengroß. Aus einer gewissen Distanz betrachtet, sehen wir dasselbe Problem unweigerlich in Relation zu anderen Dingen. Diese einfache Maßnahme bewirkt einen großen Unterschied und lässt uns erkennen, dass selbst das verhängnisvollste Ereignis, mag es noch so tragisch sein, unzählige Aspekte hat und aus den unterschiedlichsten Blickwinkeln betrachtet werden kann. Tatsächlich ist es kaum möglich, wenn nicht gar unmöglich, eine Situation zu erleben, die ausschließlich und in jeder Hinsicht negativ ist.

Wenn es uns gelingt, unsere Aufmerksamkeit von uns weg auf andere zu lenken, werden wir eine Art Befreiung verspüren. Denn wenn wir uns zu sehr mit uns selbst beschäftigen oder um uns selbst sorgen, erscheint uns unser Leid nur umso größer. Setzen wir es jedoch in Beziehung zum Leid anderer, erkennen wir, dass es gar nicht so unerträglich ist. Das befähigt uns, unseren Seelenfrieden viel leichter zu bewahren, als wenn wir uns ausschließlich auf unsere Probleme konzentrieren.

Wir sollten uns immer wieder daran erinnern, dass wir in Zeiten größter Schwierigkeiten am meisten an Weisheit und innerer Stärke hinzugewinnen.

Es liegt wohl in unserer Natur, dass wir uns vom Wohlstand verderben lassen. Das hat zur Folge, dass es uns immer schwerer fällt, mit Problemen fertig zu werden, die uns allen von Zeit zu Zeit begegnen.

Wenn wir versuchen, einem bestimmten Problem aus dem Weg zu gehen oder es zu leugnen, indem wir es einfach ignorieren, oder wenn wir, um ihm zu entkommen, zu Alkohol und Drogen greifen oder auch bestimmte Formen der Meditation oder des Gebetes benutzen, bleibt das Problem bestehen, mag man auch kurzfristig Erleichterung verspüren. So vorzugehen heißt, dem Problem auszuweichen, statt es zu lösen.

Wir irren uns, wenn wir annehmen, dass unser Leid – oder auch unser Glück – nur einer einzigen Quelle entspringt. Alles, was uns begegnet, hat unzählige Ursachen und kann nur in einem größeren Zusammenhang betrachtet werden. Wäre das nicht der Fall, würden wir, sobald wir mit etwas in Berührung kommen, was wir für gut erachten, zwangsläufig glücklich werden und zwangsläufig traurig, kämen wir mit etwas in Kontakt, was uns schlecht erscheint. Doch das entspricht nicht der Realität.

Unglückselige Ereignisse sind zwar eine potenzielle Quelle der Wut und der Verzweiflung, können jedoch gleichermaßen eine Quelle spirituellen Wachstums sein. Ob Letzteres der Fall ist, hängt von unserer Reaktion ab.

Ethische Disziplin ist unverzichtbar, denn dadurch vermitteln wir zwischen miteinander konkurrierenden Ansprüchen, nämlich zwischen unserem eigenen Recht auf Glück und dem der anderen.

Liebe und Mitgefühl, Geduld, Toleranz und Versöhnlichkeit sind wichtige Tugenden. Wenn sie uns immer präsent sind, kommt alles, was wir tun, letztlich der gesamten Menschheitsfamilie zugute. Und ob wir nun zu Hause die Kinder versorgen, in einer Fabrik arbeiten oder in der Gemeinschaft als Arzt, Anwalt, Geschäftsmann oder Lehrer dienen – unser Handeln trägt zum Wohlergehen aller bei.

Angesichts der Vielschichtigkeit der Wirklichkeit ist es sehr schwierig festzustellen, ob eine bestimmte Handlung oder Handlungsweise an sich richtig oder falsch ist. Daher kann auch die ethische Lebensführung nicht etwas sein, das wir bejahen, weil es aus sich heraus richtig ist. Vielmehr nehmen wir sie an, weil wir erkannt haben, dass alle anderen genauso wie wir selbst glücklich sein und Leid vermeiden wollen.

Ich halte es für sehr nützlich, eine Reihe ethischer Grundsätze zu haben, die uns in unserem Alltagsleben leiten. Sie können uns helfen, gute Gewohnheiten zu entwickeln, wobei es meiner Meinung nach wichtig ist, sie nicht so sehr als Moralgesetze zu betrachten, sondern vielmehr als Mahnung, die Interessen anderer immer in den Mittelpunkt unseres Fühlens und Denkens zu stellen. Und trotz der Unterschiede hinsichtlich ihres metaphysischen Fundaments gibt es eine augenfällige Übereinstimmung zwischen den beiden großen Weltreligionen und den meisten humanistischen philosophischen Traditionen: Alle sind sich darin einig, dass Töten, Stehlen, Lügen und sexuelles Fehlverhalten etwas Negatives sind. Außerdem stimmen sie darin überein, dass es wichtig ist, Hass, Stolz, Begierde, Neid, Habsucht, Wollust, schädliche Ideologien (wie zum Beispiel Rassismus) und anderes zu vermeiden.

Ein ethisch vertretbares Verhalten setzt voraus, dass wir den Grundsatz befolgen, anderen nicht zu schaden. Es gibt jedoch Situationen, in denen jedwede Handlungsweise den Verstoß gegen diesen Grundsatz zu beinhalten scheint. Unter solchen Umständen müssen wir unseren Verstand einsetzen und zu entscheiden versuchen, mit welcher Vorgehensweise wir langfristig am wenigsten Schaden anrichten.

Der ethische Wert einer bestimmten Handlung ermisst sich allein in Bezug auf Zeit, Ort und Umstände sowie auf die heutigen und zukünftigen Anliegen aller Menschen. So kann eine Handlungsweise unter bestimmten Umständen ethisch durchaus richtig sein, zu einer anderen Zeit, an einem anderen Ort und unter anderen Umständen jedoch möglicherweise nicht.

Es ist weitaus nützlicher, sich eine einzige eigene Unzulänglichkeit bewusst zu machen als tausend Unzulänglichkeiten eines anderen. Denn liegt der Fehler bei uns, können wir ihn korrigieren.

Da ich davon ausgehe, dass unser Bewusstsein nach unserem körperlichen Dahinscheiden weiterlebt, halte ich es für besser, in unserem irdischen menschlichen Körper Schmerz zu ertragen. Zumindest können wir so von der Anteilnahme anderer profitieren, wohingegen wir, wenn wir den Tod wählen, vielleicht Leid in irgendeiner anderen Form aushalten müssen.

Zur Kritik unseres ethischen Verhaltens gehört es nicht nur, die Verantwortung für unser Handeln zu übernehmen, sondern auch für dessen Beweggründe, seien sie nun negativ oder positiv. Tun wir das nicht, wächst die Wahrscheinlichkeit, Schaden anzurichten. All unser Tun hat nicht nur Einfluss auf diejenigen, die uns nahe stehen, sondern auch auf unsere Freunde und Kollegen, auf die Gemeinschaft und letztlich die ganze Welt.

Früher konnten Familien und kleinere Gemeinschaften mehr oder weniger unabhängig voneinander existieren. Wenn sie das Wohlergehen ihrer Nachbarn im Auge behielten, umso besser, doch überleben konnten sie auch so. Das geht nicht mehr. Die heutige Welt ist derart komplex und – zumindest auf der materiellen Ebene – so miteinander verwoben, dass eine neue Einstellung vonnöten ist.

Wollen wir ein Gefühl für unsere globale Verantwortung entwickeln – für die universelle Dimension unseres Handelns und das gleiche Anrecht aller anderen, glücklich zu sein und Leid zu vermeiden –, müssen wir zu einer Geisteshaltung gelangen, aufgrund derer wir der Möglichkeit, anderen Gutes zu tun, Vorrang vor der Sorge um unsere eigenen engstirnigen Interessen einräumen.

Wenn wir das Wohlergehen anderer vernachlässigen und die universelle Dimension unseres Handelns ignorieren, werden wir unsere eigenen Interessen unweigerlich als losgelöst von den Interessen anderer betrachten; wir verlieren das Einssein der Menschheitsfamilie aus dem Blick.

Wenn wir zu viel Wert auf oberflächliche Unterschiede legen und deshalb kleine, aber deutliche Diskriminierungen zulassen, verursachen wir nur zusätzliches Leid, für uns selbst wie für andere. Als hätten wir Menschen nicht bereits genug Probleme! Wir werden alle mit dem Tod, dem Alter und mit Krankheiten konfrontiert – ganz zu schweigen von der Unausweichlichkeit, Enttäuschungen hinnehmen zu müssen. Reicht das nicht?

Wenn wir nicht beschließen, aus Achtung vor dem gleichen Anrecht anderer, glücklich zu sein und nicht zu leiden, unser Verhalten zu ändern, werden wir über kurz oder lang die negativen Folgen zu spüren bekommen. Stellen Sie sich vor, welche Umweltverschmutzung zwei Milliarden zusätzliche Autos herbeiführen würden. Davon wären wir alle betroffen. Genügsamkeit ist also nicht nur eine moralische Dimension. Wollen wir unserem eigenen Leid nicht neues hinzufügen, ist sie eine Notwendigkeit.

Ich glaube, dass das Streben nach ständigem wirtschaftlichem Wachstum infrage gestellt werden muss. Meiner Ansicht nach nährt es Unzufriedenheit, wodurch wieder mehr Probleme entstehen, sowohl in sozialer als auch in ökologischer Hinsicht.

Globale Verantwortung bedeutet immer auch, uns dem Prinzip der Ehrlichkeit zu verschreiben. Was ich damit meine? Ehrlichkeit und Unehrlichkeit lassen sich anhand der Beziehung zwischen Schein und Wirklichkeit erklären. Manchmal stimmen beide überein, häufig genug nicht. Doch wenn dies der Fall ist, haben wir es mit Ehrlichkeit, wie ich sie verstehe, zu tun. Wir sind also ehrlich, wenn unsere Handlungen das sind, was sie zu sein scheinen.

Wenn wir uns zu Ehrlichkeit verpflichten, helfen wir, Missverständnisse, Zweifel und Ängste in unserer Gesellschaft abzubauen. Damit tragen wir auf bedeutende Weise, wenn auch im Kleinen, dazu bei, die Bedingungen für eine glückliche Welt zu schaffen.

Wir müssen unter allen Umständen dem Drang widerstehen, Behinderte abzuschieben, als seien sie eine Last. Das gilt auch für diejenigen, die krank oder sozial ausgegrenzt sind. Würde man sie beiseite schieben, bedeutete dies, das Leid unendlich zu vermehren. Wären wir in der gleichen Situation, würden wir mit der Hilfe anderer rechnen. Meiner Ansicht nach ist die Zuneigung, die wir gerade solchen Menschen entgegenbringen, der Maßstab, an dem wir unsere spirituelle Gesundheit sowohl auf der individuellen wie auch auf der gesellschaftlichen Ebene messen können.

Ohne Zweifel ist es schwierig, wirklichen Frieden und Harmonie herbeizuführen, aber unmöglich ist es nicht. Das Potenzial ist uns gegeben, und seine Basis ist das Gefühl der Verantwortung jedes Einzelnen gegenüber allen anderen.

Vor kurzem erzählte mir ein Freund, dass sich innerhalb weniger Jahre die Anzahl der Milliardäre in Amerika von siebzehn auf mehrere hundert erhöht habe. Gleichzeitig bleiben aber die Armen arm, viele werden sogar noch ärmer. Das halte ich für völlig unmoralisch. Angesichts der Tatsache, dass Millionen Menschen nicht einmal die elementarsten Dinge besitzen – genug zu essen, eine Unterkunft, Schulbildung und eine ausreichende medizinische Versorgung –, ist die ungerechte Verteilung des Reichtums ein Skandal.

Ist jemand reich geboren oder erwirbt sich auf andere Weise Wohlstand, bieten sich ihm enorme Möglichkeiten, anderen Gutes zu tun. Welch eine Verschwendung, solche Möglichkeiten eigennützig zu vertun!

Die Welt wird sich verändern, wenn jeder Einzelne den Versuch wagt, seinen negativen Gedanken und Gefühlen entgegenzutreten, und allen Erdenbewohnern Mitgefühl entgegenbringt, gleichgültig, ob er eine direkte Beziehung zu ihnen hat oder nicht.

Wissen ist wichtig, doch viel wichtiger ist die Art und Weise, wie es genutzt wird. Das hängt vom Herzen und vom Geist desjenigen ab, der über dieses Wissen verfügt.

Müssten wir zwischen Gelehrsamkeit und Tugend wählen, wäre Letzteres eindeutig wertvoller. Ein gutes Herz, das Ergebnis der Tugend, ist für sich allein bereits ein Segen für die Menschheit. Das Wissen allein ist es nicht.

Die natürliche Welt ist unser Zuhause. Sie ist nicht unbedingt geweiht oder heilig. Sie ist nur der Ort, an dem wir wohnen. Deswegen liegt es in unserem Interesse, uns um sie zu kümmern.

Wir Menschen sind die einzige Spezies, die die Macht besitzt, die Erde, so wie wir sie kennen, zu zerstören. Weder die Vögel haben diese Macht noch die Insekten oder irgendein Säugetier. Aber wenn wir in der Lage sind, die Erde zu zerstören, dann sollten wir auch in der Lage sein, sie zu bewahren.

Keine Kinder zu haben, weil man ein Leben ohne Verantwortung in vollen Zügen genießen will, ist in meinen Augen ein Fehler.

Mao Zedong sagte einmal, politische Macht komme aus den Gewehrläufen. Es ist sicher richtig, dass bestimmte kurzfristige Ziele mit Gewalt durchaus erreichbar sind. Doch langfristig lässt sich mit Gewalt nichts bewirken. Wenn wir uns die Geschichte anschauen, stellen wir fest, dass die Liebe der Menschen zu Frieden, Gerechtigkeit und Freiheit stets über Grausamkeit und Unterdrückung triumphiert hat. Deswegen bin ich ein so glühender Verfechter der Gewaltlosigkeit.

Wir müssen alle dazu beitragen, eine Atmosphäre echten Friedens zu schaffen. Wenn wir als Einzelne innerlich der Gewalt abschwören – indem wir unseren negativen Gedanken und Gefühlen keinen Raum mehr geben und stattdessen unsere positiven Eigenschaften kultivieren –, schaffen wir die Voraussetzungen für eine Abrüstung auf der ganzen Welt.

Weil die Menschen die Wahrheit, die Gerechtigkeit, den Frieden und die Freiheit lieben, ist es möglich, eine bessere und mitfühlendere Welt zu schaffen. Die Voraussetzung dafür ist gegeben.

Ungeachtet dogmatischer und anderer Unterschiede ist es ein Anliegen aller großen Weltreligionen, dem Einzelnen zu helfen, ein guter Mensch zu werden. Alle betonen Liebe und Mitgefühl, Geduld, Toleranz, Versöhnlichkeit, Demut und Ähnliches, und wir alle sind in der Lage, anderen zu helfen, diese Eigenschaften zu entwickeln.

Es ist wichtig zu erkennen, dass die Ausübung einer Religion mehr bedeutet, als zu sagen: »Ich glaube« oder wie im Buddhismus: »Ich nehme Zuflucht«. Es bedeutet auch mehr, als Tempel, Heiligtümer oder Kirchen aufzusuchen. Und religiöse Lehren nutzen herzlich wenig, wenn sie nur mit dem Verstand, nicht aber mit dem Herzen aufgenommen werden.

Allein das aufrichtige Bemühen, uns geistig zu verändern, macht uns zu wirklich religiösen Menschen.

Es ist wenig hilfreich, auf der Grundlage der Philosophie oder der Metaphysik den Wahrheitsanspruch einer Religion geltend zu machen.

Meiner Ansicht nach stellen die vielfältigen Unterschiede zwischen den einzelnen Religionen eine große Bereicherung dar. Deswegen ist es nicht nötig, nach Möglichkeiten zu suchen, die belegen, dass letztlich alle Religionen eins sind. Sie gleichen sich insofern, als sie alle die Unabdingbarkeit von Liebe und Mitgefühl im Zusammenhang mit ethischer Disziplin betonen; aber das heißt nicht, dass sie im Wesentlichen identisch sind.

Ich trete nicht für eine neue »Welt«-Religion ein. Dadurch würde uns lediglich die Einzigartigkeit der unterschiedlichen Glaubenstraditionen verloren gehen.

Der ganze Zweck einer Religion besteht doch darin, Liebe und Mitgefühl, Geduld, Toleranz, Demut, Versöhnlichkeit und weitere gute Eigenschaften zu fördern. Wenn wir das versäumen, hilft auch ein Wechsel der Religion nicht weiter. Und wenn wir es unterlassen, jene Qualitäten in unseren Alltag einzubringen, dann nützt die glühendste Anhängerschaft nichts, dann ergeht es uns wie dem Patienten mit einer lebensgefährlichen Krankheit, der lediglich eine medizinische Abhandlung liest, sich jedoch nicht der erforderlichen Behandlung unterzieht.

Die Zeit schreitet unaufhaltsam voran. Wenn wir Fehler machen, können wir die Uhr nicht zurückdrehen und es noch einmal versuchen. Aber wir können die Gegenwart sinnvoll nutzen.

Wenn wir am Ende unserer Tage auf unser Leben zurückblicken und sehen, dass es erfüllt, produktiv und sinnvoll gewesen ist, wird uns das zumindest ein gewisser Trost sein. War es das nicht, wird uns das wahrscheinlich ziemlich bekümmern. Was letzten Endes zutreffen wird, das liegt ganz bei uns.

Die beste Möglichkeit sicherzustellen, dass wir dem Tod ohne Reue begegnen, ist die, uns in der Gegenwart anderen gegenüber verantwortungsvoll und mitfühlend zu verhalten, und zwar nicht, weil wir uns in der Zukunft etwas davon versprechen, sondern weil es uns ein echtes Anliegen ist.

Mitgefühl verleiht unserem Leben Sinn. Es ist die Quelle jedes dauerhaften Glücks und jeder dauerhaften Freude und bildet das Fundament eines jeden Handelns, das dem Bedürfnis entspringt, anderen zu helfen. Indem wir allen anderen mit Freundlichkeit, Zuneigung, Ehrlichkeit, Wahrhaftigkeit und Gerechtigkeit begegnen, sorgen wir für unser eigenes Wohlergehen. Das ist keine Frage komplizierten Theoretisierens, sondern des gesunden Menschenverstands.

Wir können alles andere ablehnen: Religion, Ideologie, jede überlieferte Weisheit. Aber wir können uns nicht der Notwendigkeit von Liebe und Mitgefühl entziehen.

Liebe zu anderen und Achtung vor ihren Rechten und ihrer Würde, gleichgültig wer oder was sie sind, das ist letztlich alles, was wir brauchen. Solange wir dies in unserem Alltag praktizieren und solange wir Mitgefühl für andere empfinden und uns aus einem Gefühl der Verantwortung heraus in Beschränkung üben, werden wir, ob wir nun gebildet oder ungebildet sind, an Buddha oder an Gott glauben oder einer anderen Religion oder gar keiner anhängen, zweifellos glücklich sein.

Wenn wir uns auf das Weltliche konzentrieren, wird uns das Wesentliche verborgen bleiben. Wären wir dabei wirklich glücklich, dann wäre es natürlich vernünftig, so zu leben. Doch wir sind es nicht.

Wenn du dich des Lebens freust und dabei einen Moment innehältst, versuche, mit welchen geringen Mitteln auch immer, denjenigen zu helfen, die am Boden liegen oder sich aus irgendwelchen Gründen nicht selbst helfen können oder wollen. Wende dich nicht von jenen ab, deren Äußeres dich irritiert, von den Zerlumpten und Kranken. Versuche dich ihnen nie überlegen zu fühlen. Versuche, wenn möglich, nicht einmal zu denken, du seist besser als der einfachste Bettler. Im Grab wirst du dich von ihm nicht unterscheiden.

Dieses kurze Gebet ist für mich in meinem Bestreben, anderen Gutes zu tun, immer sehr hilfreich:

*Möge ich zu allen Zeiten, jetzt und für immer,*
*Denen ein Beschützer sein, die schutzlos sind,*
*Ein Führer denen, die ihren Weg verloren haben,*
*Ein Schiff für die, die über die Meere ziehen müssen,*
*Eine Brücke für die, die Flüsse überqueren müssen,*
*Ein Zufluchtsort für die, die in Gefahr sind,*
*Ein Licht für die, die von Dunkelheit umgeben sind,*
*Ein Heim für die, die kein Obdach haben,*
*Und ein Diener all denen, die in Not sind.*

»Ein spiritueller Ratgeber – nicht nur für Buddhisten!« (*Bild am Sonntag*, Hamburg)

---

SEINE HEILIGKEIT DER XIV. DALAI LAMA

**DAS BUCH DER MENSCHLICHKEIT**

Eine neue Ethik für unsere Zeit

Aus dem Englischen von Arnd Kösling
256 Seiten, gebunden mit Schutzumschlag
ISBN 3-7857-0842-4

Welcher Religion ein Mensch zugehört, spielt keine so große Rolle wie seine Bereitschaft, ein positiv gestimmter Mensch zu sein. Der Dalai Lama zeigt Schritt für Schritt den Weg dorthin: sich weniger auf sich selbst konzentrieren, sondern mehr auf die Gemeinschaft, Anteilnahme und Einfühlungsvermögen zeigen.
Der innere Friede kann von jedermann erreicht werden. Perspektiven für ein erfülltes Leben — geschöpft aus dem unendlichen Schatz der tibetischen Weisheitslehren.

GUSTAV LÜBBE VERLAG

---

Von der Kunst, glücklich zu sein

SEINE HEILIGKEIT
DER XIV. DALAI LAMA / HOWARD C. CUTLER, M. D.
DIE REGELN DES GLÜCKS

Aus dem Amerikanischen von Jürgen Manshardt,
unter Mitarbeit von
Kathrin Ronnefeldt und Svenja Willkomm
288 Seiten, gebunden mit Schutzumschlag
ISBN 3-7857-0961-7

Die Frage nach dem Glück gehört zu den zentralen Themen im Leben eines jeden Menschen – egal, in welchem Kulturkreis er lebt. Im Gespräch mit dem amerikanischen Psychiater Howard C. Cutler gibt der Dalai Lama Antworten aus buddhistischer Sicht. Herausgekommen ist dabei ein anspruchsvoller spiritueller Ratgeber, dessen zentrale Botschaft lautet: Jeder Mensch hat ein Recht auf Glück.